# Inhalt

## Kapital- und Immobilienmärkte unter dem Einfluss der alternden Bevölkerung

Kernthesen

Beitrag

Fallbeispiele

Weiterführende Literatur

Impressum

GENIOS WirtschaftsWissen Nr. 04/2004 vom 06.04.2004

# Kapital- und Immobilienmärkte unter dem Einfluss der alternden Bevölkerung

*M.Floßmann*

## Kernthesen

- Aufgrund der steigenden Zahl von Senioren in Deutschland stehen nun neben den Auswirkungen auf die gesetzliche Rentenversicherung sowie Krankenversicherung auch die möglichen Folgen für Kapital- und Immobilienmarkt im Fokus der Öffentlichkeit.
- Wenn die geburtenstarken Jahrgänge (die sogenannten Baby-Boomer) das Rentenalter erreichen, könnte ein

demografisch bedingtes Überangebot für ihre zur Altersvorsorge angesparten Vermögenswerte erhebliche Renditeeinbußen bedeuten.
- Über das Ausmaß der Auswirkungen sind sich die Experten uneins; manche Prognosen gehen von dramatischen Kurseinbrüchen an den Kapitalmärkten bezeichnet mit Asset Meltdown aus.
- Die Probleme aufgrund nachteiliger Bevölkerungsentwicklung bestehen im wesentlichen europaweit, während die USA diesbezüglich weiterhin günstige Prognosen aufweisen.

## Beitrag

Nach der gesetzlichen Rentenversicherung und der Krankenversicherung geraten im Hinblick auf die rasch alternde deutsche Bevölkerung nun auch Kapital- und Immobilienmärkte in die Diskussion. Wenn in Deutschland die sogenannten Baby-Boomer, also die heute ca. Vierzigjährigen in Rente gehen und ihre für die Altersvorsorge bestimmten Ersparnisse auflösen, könnten die Kapitalrenditen erheblich unter Druck geraten. Das Ausmaß dieses Effekts wird von den Experten unterschiedlich beurteilt: von mäßigen Renditeeinbußen bis hin zum Asset Meltdown.

# Einige Zahlen zur Entwicklung der Bevölkerung bzw. der Erwerbstätigen in Deutschland: (9)

Im Zuge der Veränderung der Altersstruktur werden in der Spitze die über 65-jährigen einen Anteil von 45 Prozent der Bevölkerung ausmachen dies sollte etwa 2037 der Fall sein. Hinzu kommt die jährlich steigende Lebenserwartung (für alle ca. 0,3 Prozent).
Zahlen von 2002 beziffern die durchschnittliche Lebenserwartung für Jungen auf 74,4, für Mädchen auf 80,6 Jahre. (Der Autor der zugrunde liegenden Quelle verwendet Daten des Instituts für Arbeitsmarkt- und Berufsforschung)

Ab etwa 2010 werden in abgemilderter Form Auswirkungen der Bevölkerungsentwicklung auf das Erwerbspersonenpotenzial erwartet. Ab 2020 wird dieser Effekt durchschlagen, sofern nicht Gegenmaßnahmen greifen, beispielsweise früherer Eintritt in die Berufstätigkeit, späterer Renteneintritt, mehr erwerbstätige Frauen, Zuwanderung.

# Erwartete Effekte am Kapitalmarkt (5)

In den nächsten zehn Jahren wird im Zuge der privaten Altersvorsorge vermehrt Kapital an den Aktien- und Anleihemärkten angelegt, was einen Preisanstieg der Vorsorgeprodukte erwarten lässt. Sobald die geburtenstarken Jahrgänge das Rentenalter erreichen, etwa 2020 bis 2030, besteht die Gefahr, dass die Preise aufgrund des großen Angebotes und der geringen Nachfrage einbrechen. Gegen eine solche Crash-Prognose sprechen jedoch einige dämpfende Faktoren
-Die kommenden Rentner werden ihr Erspartes nicht schlagartig, sondern über Jahre verteilt auflösen.
-Der inländische Kapitalmarkt wird durch die Tendenz zu ausländischen Kapitalanlagen entlastet.
-Der Wegfall von Arbeitskräften erfordert mehr Einsatz von Kapital.

# Weitere Prognosen

Bei der Anlageentscheidung wird der demografische Faktor stärker berücksichtigt, Folglich wird vermehrt Kapital in Länder fließen, die diese Problematik nicht aufweisen. Voraussetzung ist, dass die übrigen

Bedingungen zur Kapitalanlage im jeweiligen Land stimmen. Genannt werden in diesem Zusammenhang die USA, Teile Asiens und Lateinamerikas (2)

Die niedrigere Risikobereitschaft der älteren Bevölkerung könnte sich auf die Zahl von Unternehmensgründungen und somit auf die Nachfrage nach Venture Capital auswirken. (2)

Bei Investitions- bzw. Kreditentscheidungen wird der branchenspezifische Einfluss der demografischen Entwicklung einbezogen. Positive Effekte sind unter anderem für den Sektor Gesundheit zu erwarten, während beispielsweise Familienurlaub, Spielzeugartikel etc. negativ betroffen sein werden. (2)

Die OECD erwartet eine Tendenz zur Umschichtung von Aktien auf langfristige Anleihen. Als mögliche Maßnahme zur Befriedigung der entstehenden Nachfrage bezüglich sicherer langfristiger Festzinsprodukte, könnten aus Sicht der OECD entsprechend ausgestattete Staatsanleihen begeben werden. (4)

## Auswirkungen auf den Immobilienmarkt

Auch in der Immobilienbranche steht die Demografie im Blickpunkt.
Die rückläufige Einwohnerzahl lässt direkte Folgen auf Nachfrage und Preise von Wohnimmobilien erwarten. Zudem benötigt eine geringere Anzahl von Erwerbstätigen weniger Büroimmobilien.

Immobilienexperten sehen die Situation teilweise weniger dramatisch. Sie verweisen auf Prognosen, die für die nächsten Jahre eine steigende Zahl von Haushalten (die entscheidende Größe für den Markt für Wohnimmobilien) voraussagen. Hinzu kommen wachsende Ansprüche an Standort, Qualität und Größe der Immobilien.
Sehr wohl befürchtet man jedoch regional starke Markteinbrüche. (1)
Im Bereich Büroimmobilien sollte eine Verlängerung der Lebensarbeitszeit die negative Entwicklung abmildern. Beispielsweise erwarten die Immobilienweisen im Falle einer um zwei Jahre längeren Lebensarbeitszeit einen Mehrbedarf von einer Million Büroarbeitsplätze. (11)

## Offene Punkte

-Wird die demografische Entwicklung zu einem eklatanten Kursverfall führen? (Asset Meltdown)

-In welchem Ausmaß wird sich das Sparverhalten im Zuge des demografischen Wandels verändern?
-Inwieweit werden Maßnahmen der Regierung greifen?
-Wie stark wird sich die Demografie in Deutschland auf die Situation des Marktes für Büroimmobilien, aber auch auf die Nachfrage nach Wohnimmobilien auswirken?

# Fallbeispiele

Beispiel Großbritannien:
Weniger problematisch ist derzeit der demografische Effekt in Großbritannien. Dies vor allem, da der Tiefpunkt der Bevölkerungsentwicklung bereits durchschritten wurde. Dennoch sorgt man sich auch hier im Hinblick auf einen möglichen Verfall der zur Altersvorsorge angesparten Vermögenswerte. Dies vor allem, da die britische Altersvorsorge großenteils auf Kapitaldeckung basiert. (7)

Standard & Poor´s-Studie:
Aufgrund ihrer demografischen Faktoren und des erwarteten Anstiegs der Staatsverschuldung sieht die Rating-Agentur Standard & Poor´s laut einer

aktuellen Untersuchung kritisch vor allem Portugal, Frankreich, Griechenland, Polen und Tschechien. (10)

Zukunft der Wohnimmobilien:
Wohnungsbauinvestitionen sind ein wesentlicher Wirtschaftsfaktor in Deutschland. Am Jahresende 2002 betrug das Gesamtvolumen der Wohnungsbaudarlehen hierzulande annähernd 1 100 Milliarden EUR. Der Artikel von Dr. Stefan Jokl, Direktor des Instituts für Städtebau, Wohnungswirtschaft und Bausparwesen enthält Informationen zu künftigen Wohntrends, Zahlen zu Wohnraumbedarf, zur Vermögensbildung durch Wohneigentum sowie zur Zukunft der Baufinanzierung für Wohnimmobilien. (1)

# Weiterführende Literatur

(1) Die Zukunft der Wohnungsfinanzierung in Deutschland
aus Immobilien & Finanzierung - Der langfristige Kredit Nr. 23 vom 01.12.2003 Seite 836

(2) Ageing Society – Zukunftsszenarien für das Bankgeschäft
aus Die Bank, Heft 09/2003, S. 584-589

(3) Graue Welt verlangt ganzheitliche Geldpolitik Die EZB wird die Preise für Vermögenswerte künftig

konzeptionell einbeziehen müssen
aus Börsen-Zeitung, 31.12.2003, Nummer 250, Seite 26

(4) OECD warnt vor Folgen alternder Bevölkerungen für Vermögenspreise Staatsanleihen mit Inflationsschutz oder superlangen Laufzeiten als Lösung?
aus Börsen-Zeitung, 23.03.2004, Nummer 57, Seite 6

(5) Der Asset Meltdown fällt aus Der Kapitalhunger einer alternden Gesellschaft mindert den Renditerückgang
aus Börsen-Zeitung, 31.12.2003, Nummer 250, Seite 26

(6) Die Vergreisung ist ein weltweites Phänomen Osteuropa zum Teil stärker als Westeuropa betroffen - USA bleiben sicherer Hafen für europäisches Kapital
aus Börsen-Zeitung, 31.12.2003, Nummer 250, Seite 32

(7) Die Alterspyramide ist nicht der Sorgenquell Britischer Staat vor schmalen Rentenlasten - Private Versorgungslücke bereitet aber Kopfzerbrechen
aus Börsen-Zeitung, 31.12.2003, Nummer 250, Seite 29

(8) Seniorenimmobilien im Pflegebereich schieben einen gewaltigen Investitionsstau vor sich her - 60 000 Heimplätze nicht mehr zeitgemäß Ein Milliarden-Markt in Wartestellung
aus Die Welt, Jg. 59, 09.02.2004, Nr. 33, S. 18

(9) Bevölkerung und Wachstum - Die Bevölkerungsentwicklung in Deutschland als

Herausforderung für Wirtschafts- und Sozialpolitik
Declining in Population and Growth - The Population Development in Germany as a Challenge for Economic and Social Policy
aus Jahrbücher für Nationalökonomie und Statistik, Heft 1-2/2004, S. 74-90

(10) Rating-Agentur warnt vor Rekordschulden
Alterung lässt Defizite laut Standard & Poor's steigen
aus Financial Times Deutschland vom 01.04.2004, Seite 11

(11) Immobilienweise legen Frühjahrsgutachten vor - Durchhalteparolen für die Branche Märkte erholen sich frühestens 2005
aus Die Welt, Jg. 59, 21.01.2004, Nr. 17, S. 23

# Impressum

## Kapital- und Immobilienmärkte unter dem Einfluss der alternden Bevölkerung

**Bibliografische Information der deutschen Nationalbibliothek**

Die Deutsche Nationalbibliothek verzeichnet diese Publikation in der deutschen Nationalbibliografie; detaillierte bibliografische Daten sind im Internet über http://dnb.d-nb.de abrufbar.

ISBN: 978-3-7379-0546-6

© 2015 GBI-Genios Deutsche Wirtschaftsdatenbank GmbH, Freischützstraße 96, 81927 München, www.genios.de

Alle Rechte vorbehalten. Dieses Werk ist einschließlich aller seiner Teile – z.B. Texte, Tabellen und Grafiken - urheberrechtlich geschützt. Jede Verwertung außerhalb der Grenzen des Urheberrechtsgesetzes bedarf der vorherigen Zustimmung des Verlags. Dies gilt insbesondere auch für auszugsweise Nachdrucke, fotomechanische

Vervielfältigungen (Fotokopie/Mikroskopie), Übersetzungen, Auswertungen durch Datenbanken oder ähnliche Einrichtungen und die Einspeicherung und Verarbeitung in elektronischen Systemen.